마지막 춤을 그대와

고두아 시집

한맥

마지막
　춤을
그대와

시인의 말

오늘 생애 첫 시집의 이름을 지었다.
생각보다 빨리 첫 시집을 갖게 되었다.
부끄러운 마음도 크고 몇 년의 시간들이 스쳐간다.
어두운 이야기를 하는 시가 많다.
세상 어디에나 어둠이 있다고 생각한다.
내 자신이 밝은 빛이 될 수 없음을 알기에
어둠 속의 나와 너를 위로하고
공감하는 시를 쓰고 싶었다.

2023년 봄

고 두 아

차 례

시인의 말/고두아

───○ 1부 ○───

흔맥문학 2015 6월호 신인상등단	10 · 갇혀있는 봄
	11 · 도피자
	12 · 먹구름증
	13 · 쌍란
	14 · 최후의 만찬
	15 · 심사평
	17 · 당선소감
PEN문학 2016 2월호 vol.129	18 · 각혈
흔맥문학 2017 3월호 이달의 시	20 · 마녀의 장난감
	22 · 공사 중
	24 · 마지막 춤을 그대와
흔맥문학 2018 1월호 이달의 시	26 · 오 나의 여신님
	28 · 이별 냄비
흔맥문학 2020 1월호 이달의 시	30 · 설산雪山
월간문학 2020 7월호	32 · 저무는 숲

2부

신작   36 · 사투르누스
          38 · 수증기 꽃
          40 · 유리발
          42 · 가위
          44 · 곰팡이 솜사탕
          46 · 숨 쉬는 집
          48 · 그림자 채집
          50 · 시를 읽는 동안
          52 · 지문뱀
          53 · 따뜻한 날
          54 · 거울
          56 · 얼음
          57 · 답장
          58 · 나의 공주님
          60 · something special
          61 · 감자
          62 · 해달
          63 · 시

── ○ **3부** ○ ──

엄마와 여행　　66 · 바다
　　　　　　　68 · 하늘
　　　　　　　70 · 시집을 완성하고
● 서평 / 송귀영
서정과 서사를 넘나든 카타르시스 [Catharsis]
의 미학 · 73

마지막 춤을 그대와

제 1 부

세상에 나온 이유를 다한 것들
한없이 가볍고 자유롭다

갇혀있는 봄

엄마는 물레 위에 흙을 얹고 손에 물을 묻혀 어루만지기 시작했어요 물레를 돌리며 새로운 모양의 그릇을 빚었어요 손가락 끝에서 새로운 결이 미로가 되고 무덤처럼 움푹 들어가게 만들었어요 자라나지 않는 그늘에서 말리고 유약을 발라 색을 바꾸니 길을 잃던 나비도 돌아왔어요 한창 피어나는 불에 한 번 더 구워냈어요 엄마는 그 안에 잠에 취한 나를 담았어요 나는 그 안에서 갇혀있는 봄을 보았어요

도피자

초음파 사진 속 아이는
엄마에게 숨은그림찾기를 시킨다
뱃속에서 나와서도 도망 다니기 시작한다
가장 좋아하는 놀이는 숨바꼭질
엄마의 수많은 꾀꼬리는
메아리가 되어 지쳐서 돌아오고
머리카락 한 올 보이지 않아
자신을 완전히 보여주고 싶지 않은 아이
스스로를 지문 속에 숨긴 채
꽉 쥐고는 오래도록 펴지 않는다
아이는 지문 속에서 홀로 미로 찾기를 한다

어느 날부터 아이의 잠긴 방문 뒤
두드리고 고함치던 엄마의 소리들이 사라지고
아이의 숨어 다니는 놀이는 멈출 줄 모른다

먹구름증

열여덟 살이 된 언니는 먹구름 가득한 말만 듣고 오더니 먹구름증에 걸렸습니다 자신을 쳐다보는 친구들의 눈빛이 우기의 하늘처럼 흐리고 등 뒤에서 수군대는 모든 말이 축축하게 들린다고 합니다 맑게 갠 말을 해줘도 귓속에선 해가 뜨지 않나봅니다

엄마는 언니를 품에 안고 귀이개로 구름조각을 파내려하지만 꺼내지지 않습니다 밤마다 잠결에 고통스런 언니는 가슴에 덕지덕지 붙어있는 구름들을 뜯어내려합니다 밤새 구겨진 얼굴로 가슴을 긁다가 겨우 잠에 들자 명치에 빗물이 고이기 시작합니다

창밖에 비는 멎어 가는데 언니의 먹구름증은 그칠 기미가 보이지 않습니다 오늘도 먹구름증이 언니의 숨결을 타고 올라옵니다 온몸을 다 먹고 나면 사라지고 말 것 같습니다

쌍란

내가 깬 계란 속에는 해와 달이 쌍란으로 뒤엉켜 있어요 낮과 밤이 공존하는 나의 꿈이 새어나와요 아무리 지워도 지워지지 않는 노른자를 다 터뜨려버리고 싶어요 꿈을 꾸는 순간부터 앞이 보이지 않는 내 눈에는 울음과 웃음이 반반씩 섞여있어요 왼쪽 눈에선 뜨거운 눈물이 흘러나오고 반대쪽 눈이 맑게 반짝거려요 반질거리는 두 개의 노른자 옆 넓게 퍼져가던 흰자가 더럽혀지기 시작해요 삶과 죽음을 같이하는 나의 생활들 동그랗게 떠오르기 시작해요

최후의 만찬

한 젊은 예술가가 자신의 몸을
캔버스 삼아 마지막 작품을 준비해 나간다
4B연필을 깎지도 않은 채 우적우적 씹어먹어
얼굴 위로 꿈속에서 본 우주를 펼쳐낸다
파란색 아크릴 물감을 숟가락으로 퍼먹는다
몸에 흐르는 피와 섞이지 못하고 손톱 아래서부터
물과 기름처럼 덩어리져 퍼렇게 떠오른다
먹물을 들이키자 지문들이 검게 번져 사라진다
물에 석고가루를 타서 흔들고 목구멍에 붓는다
검은 눈동자가 하얗게 채워져 형태가 사라진다
빨간색 크레파스를 알약처럼 토막낸다
뜨거운 붉은색을 만들기 위해 소주와 함께
한 알씩 삼키며 벌건 새 눈동자를 그려낸다

| 심사평 |

화자와 청자의 낯선 교감

현대시의 상황 전개는 대체로 작중 화자의 설정이 중요한 역살을 담당한다. 이 화자들이 청자(독자)에게 전달하는 메시지의 함축은 바로 공명共命으로 수용하기 때문에 많은 작품들에서 화자의 매체가 시적인 주제를 더욱 명징明澄하게 발현하는 경우가 많다.

여기 고두아 님의 응모 작품 「갇혀 있는 봄」 외 14편은 모두가 이러한 화자를 적절하게 배치하고 각자의 어조語調로 주제와 진실에의 접근을 탐색하고 있어서 시적 구도나 언어의 효율적인 접맥은 시창작의 정수精髓를 이미 습득한 작품이라고 할 수 있다.

고두아 님의 작품 중에서 특이하게 원용援用하는 시법時法이 '낯설게 하기'라는 이미지의 투영과 은유

적인 전개를 통해서 스토리텔링의 유연한 울림으로 공감을 유로하는 질 높은 시법을 구사하고 있다. 시에서 화자 '엄마'와 '나' 혹은 '언니'를 동시에 등장시키면서 시적 정황을 현실적으로 투영함으로써 궁극적으로 화해해야 할 문제점에 대한 해법을 적시하고 있다.

그는 특히 작품에서 산문시의 특성을 살리는 시법을 이해할 수 있고 '우적우적', '덕지덕지'와 같은 첩어를 사용해서 시적 정감을 흡인하는 것은 참으로 바람직한 시창작의 한 요소가 아닐까 싶다.

우리 현대시가 현현하는 시정신과 시인 정신이 인간의 진실과 교감하는 진정한 작품들은 바로 청자들이 얼마나 호응하면서 이해하느냐가 시의 생명이다. 그것이 언어의 조탁에서 이루어진다는 점을 유의하길 바란다. 축하한다.

〈심사위원〉 김우종 김송배

| 당선 소감 |

탑을 쌓듯 정성을 다할 것을 다짐

만화방초가 우거진 5월에 《흔맥문학》에서 시가 당선되었다는 기쁜 소식을 접했다. 기쁜 마음을 말로 표현할 수가 없다. 여러 번의 백일장과 글쓰기 대회에서 상을 받았지만 이번에 받은 신인상은 참으로 의미가 깊다.

학교를 졸업하고 문단에 첫 발을 내디디는 바라 기쁜 마음과 함께 새로운 각오도 다져진다. 이제는 더욱 열심히 창작 공부를 함과 동시에 글자 한 자 한 자 써 나감을 천년 고찰의 석가탑, 다보탑을 쌓듯 정성을 다할 것을 자신과 약속하겠다.

각혈

눈이 감기지도 않은 채 둥 둥 떠오른 금붕어
엄마는 변기 물에 내려 보냈다

그날부터 붕어의 무덤이 된 변기가
진한 비린내를 쏟았다
저 아래서부터 기포들이 빼끔빼끔 올라오고
하얀 꼬리 휘저으며 헤엄치는지
물이 있는 힘껏 동그라미를 펴낸다
화장실 그림자 진 변기 속
떠다니기 좋은 시간

붕어가 어항에서 지워진 지
일주일이 지난 새벽
욕지기가 느껴져
달려가 변기 뚜껑을 열어 재꼈다

내가 토해낸 것
낡은 금붕어였다

마녀의 장난감

갓 태어난 황금용의 비늘
눈물 흘리지 않은 앵무새의 눈알
사막에 사는 펭귄의 깃털
다리 달린 물고기의 잘린 발가락
말하는 포도의 시뻘건 껍질

그녀가 또 이상한 스프를 만든다
나를 묶어놓고 좋아한다
내 입에 식지도 않은 스프를
한 입 두 입 털어 넣는다
눈이 서서히 감기는 나에게
영원히 잠들라는 저주를 퍼붓는
그녀가 좋다

눈구멍이 열려있는 순간들
깨진 태양이 나를 찌른다

정수리는 오래된 비웃음만
기억하고 녹슨 입은 멈춘 지 오래
내가 버린 나를 주워온 마녀
그녀가 주는 이름 모를 스프라도
먹어야 잠에 들 수 있다
나에게 깊은 잠을 선물하는
그녀가 좋다

공사 중

보이지 않는 실을 토했다
고치는 내가 오래 전부터 준비한
죽음의 방법이었다

손금 같은 실을 토하면서
내 이름을 꺼내놓으려 애썼고
벌건 눈가는 말라갔다
차마 버리지 못했던 잠버릇
공사 중인 고치가 흔들렸다
고치 빈틈마다 잠으로 틀어막았다

사람을 미워하는 날에는
고치를 짓다 멈출 때가 많았다
통째로 뜯어다 창문 밖으로 던졌고
조금만 방심하면 폐허가 됐다

그 사람의 기억 속에서
나를 지우고 싶다고 믿었다

한밤에 머리를 뜯으며 이불을 찼다
엄마라는 사람은 혀를 찼다

쉰내가 진동하는 현장에서
엎지른 두통은 떠날 기미가 없었다
내가 모르는 해가 떠올랐다

마지막 춤을 그대와

낡은 선착장 가까이
오르락내리락 하는 물결
취한 소주병이 리듬을 탄다
몸이 부서지도록 춤을 추는 스트로폼
검은 봉지도 바다에 몸을 맡긴 채
출렁이는 스텝을 밟는다

세상에 나온 이유를 다한 것들
한없이 가볍고 자유롭다

따스한 봄날의 소래포구
어머니와 어머니의 어머니
오늘따라 손을 꼭 잡는다
느린 박자에 맞춘 발길과 눈길
걸음마다 익숙한 웃음을 연주한다

아 어머니 우리 어머니
그대의 마지막 춤을 나와 함께 해주오

오 나의 여신님

늙고 아픈 여신님이 누워계세요
한동안 씻지 못한 그녀를
거실 형광등 빛에 적신 수건으로
구석구석 닦아드려요
침대 밑 먼지처럼 텁텁하고 긴 머리카락
무릎을 꿇고 빗질을 시작해요
내 손에 끊긴 머리카락들이 묻어나요
영양가 없어진 여신의 발톱
베란다 화분 곁에 맴도는 꽃향기를 가져다가
칠했더니 금세 꽃을 피워내요
눈여겨 봐두었던 여신님의 화장대 거울을
깨서 갈아 넣은 크림
거칠어진 여신의 두 손에 발라드려요
여신의 굳은 팔과 다리 힘줄마다
현관문 틈 흘러나오는 것처럼 한기가 올라와요

따뜻한 내 손으로 주물러도
여신의 말라가는 입술

시든 장미꽃잎 같은 신음이 뚝뚝 떨어져요

나는 오늘도 엄마 곁에서 시중을 들어요
오 나의 여신님

이별 냄비

냉장고에서 작년 겨울에 고이 모셔놨던
눈사람 머리와 몸통을 꺼내세요
사랑했던 그 사람과 만들었던
그 눈사람이면 더 좋겠죠
냄비에 담아 햇빛에 녹이면
살이 녹고 뼈가 드러날 거예요
마냥 하얗던 눈이 헤어진 후의 당신 눈빛을 받아
구정물로 변하면 그 위로 소금을 뿌리세요
함께 보낸 지난 시간들만큼만 넣으시면 돼요
무디지만 큰 칼날로 선물 받은 것들을 뭉텅뭉텅
썰어 넣고 반지 뺀 손가락으로 몇 번 휘저으세요
가스레인지를 중불로 맞추고 나쁜 거품을 걷어주세요
눈사람 뼈는 아무리 쎈 불에 놓아도
끓어오르지 않아요
조급해하지 마시고 앨범을 꺼내 같이 찍었던

사진들마저 찢어 넣으세요

뜨거웠던 마음 속 불을 단단히 식혀드릴게요

설산雪山

설산雪山을 오른다
어디선가 푸른 솔방울 솔
보따리 내려놓고
그 자리에 서서 한참을 울었따
조용히 앞서 걷던 겨울바람
어느새 돌아와 나를 휘젓나

헤어진 동백꽃 연연하지 않은 척
젖은 얼굴로 묵묵히 걷는다
하얀 눈밭 위 하얀 토끼
빨간 눈으로 나를 흘깃 쳐다본다

언제 울었냐는 듯
온순한 눈을 꾹꾹 밟으며
사무치는 겨울 산을 오른다

아아, 적막을 깨고
깨끗이 닦은 새 해가 뜬다

저무는 숲

내 몸 하나 간수하지 못하고
오래전부터 해가 지기만 하는 곳
약수물 떨어지는 소리
아, 흐르오

먹으라는 식물도 먹지 말라는 동물도
다 부질없으매 다만
깊숙이 가라앉는 가슴
가쁘게 파도치듯 높게 올라오오
몇 해 전 죽은 약지손가락을
곱게 묻어주었소
이따금 초침소리 귓가에서 멀어지면
가끔 베갯잇에서 다시 피어나오

내 안에서 뛰놀던

참새 사슴벌레 청설모 고라니
이제는 이 숲을 찾지 않소
한낱 저무는 몸뚱이인 내 안에
작고 여린 소녀가 있소

이 숲에 처음 해가 뜰 때
저 연하고 보드레한 것이 태어났소
숲이 창창하던 시절
모든 것이 단단해지고 뿌리를 내리고
고운 소녀는 그저 숲에 살았소
오늘껏 나는 저물고 저물고
소녀는 내 안을 걷고 웃고 울고
소녀를 내칠 수 없어
내 기침만이 당신께 먼저 가오

마지막 춤을 그대와

제2부

나는 저 멀리 날아간다

사투르누스*

1.
대구 달서 경찰서에서
마흔 두 살 김모씨를 조사 중이다
13일 오후 11시 50분께 대구시 달서구 송현동
어느 다세대 주택에서 자신의 열 살짜리 아들을
목 졸라 숨지게 한 혐의를 받고 있다

2.
붉은 달이 뜬 밤
그의 가슴 속에서
검은 싹이 틔어난다
소주 한 잔 털어 넣을 때마다
폐를 뚫고 자라다
척추까지 뿌리를 내린다
그의 몸을 뜯어 먹고는

술기운처럼 입에서 잎이 넓어진다

손톱 밑까지 틔어 나온 가지들이

아들의 목을 깊게 감고 오른다

숨을 헐떡이는 아들의 눈에

시뻘건 꽃봉오리가 진다

    *로마신화의 사투르누스는 그리스신화의 크로노스와 같은 신

수증기 꽃

주전자에 물을 붓고 끓이기 시작해요
아이는 서서히 올라오는 수증기를
새끼손톱만한 구슬처럼 여러개 만들어요
죽어버린 화분에 뿌리자
안개꽃이 피어나요

끓고 있는 주전자에
말린 귤 껍데기를 넣었더니
귤 향을 품은 수증기들이
아이도 모르게 귤꽃을 피워내요
방 안을 가득 채운 꽃들이
열린 창문 밖으로 날아가요

아이는 급하게 창문을 닫고
주전자를 올린 가스렌지 불을 꺼요

눈 앞에 사라진 꽃들이
온 집에 스며들어 축축지고 말아요

유리발

발에 꼭 맞은 유리 구두를 신은
신데렐라는 왕자님과 오래오래
행복하게 살았답니다

동화책을 읽어주며 어린 딸을 재웠어요
방을 나와 집안일을 하며 기다려요
걸레질을 하다 말고 멈칫,
오늘 하루만 해도 몇 번이나
전화기를 들었다 놨는지 몰라요
현관 아래서 그이의 구두를 닦다가
전화기가 울려 급히 달려가 받지만
기다리던 그이의 전화는 아니에요
분주히 움직이는 시계를 보면
눈빛 끝에서 찢어지는 소리가 들려요
세탁기 속 엉킨 빨래를 꺼내 풀면

어젯밤처럼 머릿속은 다 꼬여요
잘 닦아놓은 식탁도 겹겹이 쌓아놓은 그릇 탑도
조금씩 흔들리기 시작해요

찬장 속에서 수군대는 유리컵들을
모두 바닥에 던져요

발은 깨뜨린 유리들을
한 조각씩 집어먹기 시작해요
그날 밤 굳어가는 새끼발가락에서
달이 빛났어요

가위

닳을 대로 닳은 열림 버튼 속
삼각형이 흐릿하다.
마주한 두 거울
여러 겹으로 끝없이 들어찬 나를
놓아주지 않는다
저 구석의 CCTV는
자신의 시야에서 나를
빼낼 생각이 없다
이 빠진 누런 광고지는
숨 쉬지 못하게 한 장씩 한 장씩
나를 덮어 나간다
사람들이 매일 잡아두어도
쇠 손잡이는 차갑기만 하다
바닥에서 서서히 말라가던
허연 덩어리들이 뒤섞인 침

끓기 시작한다
나는 처참히 짓밟힌
우유팩처럼 쭈그러든다
검은 점들이 고여 있는 조명등
벌레들의 시체가
점점히 쏟아진다
아무리 세차게 눌러도
비상벨 속 낡은 종은
울리지 않는다

곰팡이 솜사탕

학교 앞에서 솜사탕을 파는 아저씨
방금 피어나 싱싱한 곰팡이를
마른 막대에 말아 꽂는다

솜사탕 하나만 주세요
아이가 내민 작은 손 위
녹슨 오백 원 하나

이끼처럼 축축한 검은색도 있고
차갑게 굳어버린 하얀 솜사탕도 있단다

곰팡이를 먹고 눅눅해진 아이들
하굣길 행렬에 섞인다
거북한 냄새와 어둠이 번져가기 시작한다
곰팡이를 파는 아저씨

아이들의 쪼그라든 어깨를
검은 눈동자로 꼼꼼히 살핀다
자신의 유년 시절만큼
검은 소년을 발견하고는 미소를 띤다

숨 쉬는 집

1.
아파트 창마다 불이 들어온다
그의 집이 숨을 쉬기 시작한다
이제 막 발에서 분해된 따끈한 양말이
역한 냄새를 뿜어낸다
기다린 시간만큼 한껏 부풀던 소파
주인의 무게를 먹으며 가라앉는다
어깨에 달렸던 보이지 않는 짐까지
받아내더니 곧 씹어서 삼킨다
그가 손에 쥔 리모컨 빨간 버튼을 누르자
소파 맞은 편 검은 상자가 지껄이기 시작한다

2.
침대 위에도 불이 켜지고
그의 눈 아래에 그림자가 진다

침대 위 반나절 동안 구겨진 이불
익숙한 베개에 익숙지 못한 머리를 내려놓는다

밤하늘에 뜬 달덩이처럼 동그랗게 눌린 베개
이제야 그의 집이 그에게 말을 건다
고된 하루를 보낸 그가 꿈을 꾼다
꽉찬 머리는 버티지 못한다
흘러넘치는 그의 꿈이 베개로 스며든다

그림자 채집

빈 책가방을 메고 집을 나선다
아침햇살을 받아먹느라 방심한 꽃의
빛깔도 향도 없이 서늘한 그림자
재빨리 따서 가방 속에 담는다
널따란 구름의 축축하게 젖은 그림자
한 귀퉁이를 찢어 가방에 넣는다
부엌 형광등 아래
가슴이 흉하게 타버린 엄마의 그림자가
그녀의 발꿈치 끝자락에 매달려 있다
터질 것 같은 가방에 마지막으로 챙긴다

홀로 꿈속으로 숨어들어
몰래 그림자를 펼쳐 읽기 시작한다.
한 장 두 장 넘길 때마다
손은 점점 더 검게 변하고

가슴에 뚫린 구멍이 한없이 깊어진다
읽고 있는 그림자가 머릿속에
한 겹씩 쌓여 탁한 새벽이 온다

시를 읽는 동안

1.
역설의 냄새가 가득하다
눈에 상징을 번뜩이며
커다란 비유의 발로
쿵 쿵 소리를 내며 다가온다
뜨거운 진술의 손으로
내 뺨을 갈긴다
나는 저 멀리 날아간다

2.
괴물의 뒤를 치기 위해
꽤 오랜 시간
먼 길을 돌아왔다
괴물은 뒤에도 달린
대조의 얼굴로 나를 반긴다

3.
괴물의 심장을 찾는다
견고하고 딱딱한 몸
쏟아지는 분석의 화살들과
여러 시각의 창들
뚫리기 시작하더니
핵심이 보인다
검은 피가 튀긴다

지문뱀

내 지문 속에 뱀이 살아요
거짓된 말이 내 입 밖을 나가는 순간
뱀 한 마리가 그 자리에 허물을 벗어놓고
제 몸 길이만큼 앞으로 나아가요
눈에 띄지 않을 만큼 느린 속도
나도 모르는 사이에 알을 낳고
또 다른 뱀이 눈을 뜨기도 해요
내 혀가 뱀처럼 노련하게 움직여요
한 사람의 초점을 흔들기 위한 수작인걸
손톱 너머에 사는 뱀들은 알고 있어요
빈틈이 없어지면 내 살을 파고들까
팔을 타고 얼굴까지 기어오를까
걱정이 앞서 얼굴이 하얗게 질렸어요

따뜻한 날

잘 씻은 사과를 반을 뚝 쪼갠다
엄마는 숟가락으로 사과를 파낸다
긁어낸 사과즙이 끈적하다
이제 막 이가 자라기 시작한 아기
한 수저 입에 넣어주면
반은 입술 사이로 흘러나온다
앞니가 빼꼼 자란 아기가 삼킬 수 있게
엄마는 마주보고 오물거리는 표정을 짓는다
끈적이는 동그란 볼과 작은 턱
아기는 온 얼굴로 사과를 먹는다
엄마의 눈동자를, 목소리를,
내리쬐는 햇볕을,

아기는 따뜻한 날을 먹는다

거울

서러운 울음 소리가
집안을 가득 메꾼다
돈 벌러 나가야 하는 엄마
미세하게 떨리는 목소리로
아기를 재우기 시작한다
자장 자장 우리 아가

그네처럼 흔들리는 눈동자
곧 혼자 남을 것을 알아챈다
온몸의 구멍을 열고
더 큰 소리를 낸다
엄마의 발걸음을 부여잡는다

울다 지친 아기
엄마의 눈물로 닦은

반질반질한 거울 속으로
엄마 찾아 삼 만 리

거울 속에 갇힌 아기
또 다른 나와 만나
새로운 놀이를 하기 시작한다
서로를 따라 웃는 두 아기
엄마의 화장품을 집어 든다
서로의 얼굴에 예쁘게 그림을 그린다

검은 밤이 온다

얼음

빙수 한 입 가득 넣은 입안
혀가 굳기 시작해요
뿌리까지 얼어붙은 앞니
깨진 유리조각 같아요
유난히 좁아진 목구멍
성에가 자라나요
눈동자에선
눈꽃이 열려요

얼음 동동 띄운 심장
뒷목에서부터 팔을 향해
덩어리진 피가 더디게 흘러요
손목 안쪽 퍼런 두 줄이
점점 짙어져가요
손가락 끝 모세혈관이
터질 것 같아요

답장

당신이 보고 싶어 바다에 갔습니다 당신은 이곳에 없지만 나는 바다에 갔습니다 바다는 우리가 없어도 따뜻합니다 이곳은 바다만큼 하늘이 넓습니다 짠 바람이 온몸을 훑고 지나갑니다 내 마음은 이미 뿌리를 잃은 해초처럼 바다 깊은 곳을 굴러갑니다 점점 더 멀어집니다 바다는 아무 것도 모른다는 듯 고요합니다 바다를 닮은 당신을 모래 위에 내려놓습니다 나만큼 당신이 잘 지냈으면 좋겠습니다

나의 공주님

옛날 옛적에
예쁜 옷을 좋아하는
반짝이는 비싼 구두도 좋아하는
색색깔의 장난감을 좋아하는
공주님이 살았습니다
공주님은 하얀 얼굴에 웃는 게 예뻤어요

홀로 지내던 공주 앞에
어느 날 왕자가 나타났습니다
왕자는 하얗고 예쁜 공주를 보고
첫 눈에 반했어요

왕자는 반짝이는 것들에
관심이 없었지만 공주를 위해
함께 거닐었어요

옷을 입어보고 신발을 신어보고
장난감을 만져보고

왕자는 공주에게 물었어요
왜 사지 않고 보기만 하는 거야

공주는 아무렇지 않게 대답했어요
너랑 계속 걷고 싶어

something special

매일 같은 시간 퇴근길에 전화가 와
너는 반짝이는 목소리로 내게 물어
오늘의 썸띵 스페셜은 뭐야
우리는 그렇게 하루를 공유해

어떻게 하루를 보냈는지
누구 때문에 화가 났는지
뭐하느라 엄청 바빴는지
서로의 이야기를 듣다보면
모두의 방에 불이 꺼지곤 해

감자

나는 우리가 뜨거운 감자가 아니라
휴게소 통감자 같았으면 해
뜨거운 감자는 나를 다치게 해
김이 펄펄 나는 감자는
한입에 베어 물지 못하고
내 손으로 부셔야만 해
반으로 쩍 갈라진 감자는 나를 슬프게 해

나는 우리가 휴게소 통감자 같았으면 해
알알이 작은 감자는 한 입에 쏙 들어와
뜨겁지도 차갑지도 않아
적당히 뜨듯한 온도가 나를 안심하게 해
반가운 휴게소처럼 늘 거기 있어줘
내가 늘 옳다고 말하는 너의 입처럼
작은 동그라미들이 있어 외롭지 않아

해달

오늘은 태어난 지 한 달이 되었어요
나는 작은 섬에 살아요
내 몸뚱이보다 조금 더 큰 섬이에요
보드랍고 좋은 냄새가 나요

섬이 움직이고 흔들리지만
재워주고 밥도 줘요
가만히 있어도
아무것도 하지 않아도
나를 좋아해요

둥둥 떠다니면서
나는 이 섬을 사랑하게 됐어요
하지만 언젠간 이 섬을 떠나야 해요
이 섬의 이름은 엄마에요

시

우리가 언제부터 함께였는지 나는 똑똑히 기억해 너에게 반한 그 순간을 잊지 못해 내 생각보다 오랜 시간 우린 함께했어 사실 나란히 걸었던 게 너무 오래 되어서 잘 기억나지 않아 언제부턴가 멀리 떨어져서 맴돌던 서로의 존재를 곁눈질로 힐끔 볼 뿐이었어 인정할게 한때는 너를 참 미워했어 너는 나를 네 멋대로 움직였어 어느 날은 단 한 걸음도 나아가지 못하게 했다가 또 어느 날은 나를 저 우주에서 떠다니게 만들었어 내 마음대로 할 수 없던 네가 참 어려웠어

숨을 들이쉬고 내쉬고 너에게 긴 안녕을 고해 잘 지내라는 말은 하지 않을게 녹슨 너의 잔재들이 가루가 되어 나의 바다 저 깊은 곳에 가라앉아 이끼가 끼고 삭아서 형체를 알아볼 수 없을 거야 하지만 기

억해줘 나는 너를 꼭꼭 씹어 삼키고 나아갈 거야 너는 내 안에 살아있으렴 먼 훗날 단단해진 내가 뜨겁고 차가운 너를 마주할거야

마지막 춤을 그대와

제 3부

엄마와 여행
바다 그리고 하늘

photo by_ ko duah.

바다

동화 같은 바닷가

엄마와 제주도 여행을 가서 이름도 모르는 바닷가를 걸었다.
눈부시게 아름다운 너무나 오래도록 기억될 날.

하늘

파란 하늘을 넘어 더운 나라에 왔다.

소원을 적어 풍등을 날렸다

시집을 완성하고

표지의 사진마저도
내 손으로 찍은 작품으로 이루어진 시집이다.
생각보다 더 뜻 깊은 책이 되었다.
시를 모으며 오래도록 혼자만의 시간을 가졌다.
시 속에 많은 엄마의 모습이 등장한다.
아픈 엄마, 내가 버린 나를 주워 온 엄마,
일하러 가는 엄마.
나를 키우는 엄마, 나를 사랑하는 엄마.
엄마의 모든 순간을 사랑한다.
엄마와의 시간이 많지 않다는 것을 알고 있다.

'마지막 춤을 그대와'라는 시는 엄마와 외할머니와
함께 소래포구를 거닐던 그날을 떠올리며 쓴 시이다.
나의 '그대'인 어머니와 어머니의 어머니에게
이 시집을 바친다.

끝으로, 계속해서 시를 써온 나를 응원한다.
좋은 시들을 써낸 것은 아니지만
내 이야기를 하고 싶다.

먼 훗날 마냥 밝기만 한,
해맑은 시집 한 권을 내고 싶다.

         2023년 봄 고두아

▎시집 서평

서정과 서사를 넘나든 카타르시스 [catharsis]의 미학

– 고두아 시인에게 드리는 글

송 귀 영

(시인, 한국시조협회 부이사장)

서정과 서사를 넘나든
카타르시스[catharsis]의 미학

- 고두아 시인에게 드리는 글

송 귀 영

(시인, 한국시조협회 부이사장)

  고두아 시인의『마지막 춤을 그대와』시집 상재를 진심으로 축하를 드린다.

  최근 우리 현대 시에서 어법과 어휘 또는 발상의 깊은 근원에서 많은 변화를 보이는 추세다. 젊은 시인들이 보여주는 상상력의 외연 확대는 문학사적 지형변화를 이끌 만큼 중요한 시적 미학의 변화를 해오고 있다. 시인이 시를 쓸 때 일상적 언어를 쓰지 않고 시인의 언어를 사용한다. '시인의 언어'라는 것은 별도의 존재가 아니라 독자와의 소통방식이 일상어와는 다르다고 할 수 있겠다.

시를 쓸 때 그 대상을 직설적으로 표현하지 않고 서툴기와 빗대기를 통해 아름다운 시가 된다는 의미이다. 서툴기와 빗대어 표현하는 시어는 아름다운 진주가 되고 이 진주를 잘 꿰어내면 사랑받는 한 편의 시가 탄생한다. 진주의 한 알 한 알이 이미지가 되고 메시지가 되어 시인과 독자 간의 시공을 뛰어넘는 공감대를 자연스럽게 형성한다.

　고두아 시인은 단정한 서사적 형상의 시각화를 통하여 가장 합리적인 철학적 원리를 구현하는 예술적 속성에 대한 근성을 지녔다. 현대 시 속에서 삶의 이치를 직관적으로 포착하여 젊은이다운 신선한 감각의 토양을 가꾸고 있다. 시가 언어 예술의 한 존재론적 원형이지만 역설적으로 미래지향의 미학을 내포하려는 흔적도 보인다. 고두아 시인이 사물의 질서를 자신의 언어로 구성하면서 사물에 본원적인 따뜻함의 정서로 가닿으려 함이 영민하다. 날카로운 시적(詩的) 통찰력은 아포리즘(Aphorism)으로서의 표현 방식을 취하기도 한다. 예리한 작품 의식을 시상의 전반에 배치하고 있는『사투르누스』에서 이를 확인할 수 있다.

1.

대구 달서 경찰서에서

마흔두 살 김 모 씨를 조사 중이다

13일 오후 11시 50분께 대구시 달서구 송현동 어느 다세대 주택에서 자신의 열 살짜리 아들을 목 졸라 숨지게 한 혐의를 받고 있다.

2.

붉은 달이 뜬 밤

그의 가슴 속에서

검은 싹이 틔어난다

소주 한 잔 털어 넣을 때마다

폐를 뚫고 자라다

척추까지 뿌리를 내린다

그의 몸을 뜯어 먹고는

술기운처럼 입에서 입이 넓어진다

손톱 밑까지 틔어나온 가지들이

아들의 목을 깊게 감고 오른다

『사투르누스』 전문

위에 인용한 시제『사투르누스』는 아버지가 아들을 살해한 죗값에 그리스 신화를 낯설기로 비유하면서 한 편의 소설 구도처럼 서사가 독특한 작품이다. 사투르누스(Saturnus)는 로마 신화 중의 농경과 계절의 신인 수호신으로 에니미즘(Animism)의 시간에 신이 아니라 동경의 신이다. 기원전 497년 전에 만들어진 신전도 존재하고 있으며, 로마인들은 매년 1월경에 사투르누스(Saturnus)의 축제를 벌인다. 주인이 노예들에게 음식을 차려주며 허물없이 어울리는 축제로 알려져 있다. 이 축제를 통하여 문명의 가치관과 이념을 추구하기까지 무의식에 존재하는 한 시대 사람들의 견해나 사고를 근본적으로 규정하고 인식체계의 패러다임(Paradigm)으로 볼 수 있다.

작품에서 김 모 씨가 아들을 목 졸라 죽이고 조사를 받는 사건 이야기와 술안주처럼 아들의 몸을 뜯어 먹는 형상을 묘사했다. 이는 최고신의 지위를 잃을까 봐 자식들을 잡아먹다 제우스에게 살해당하는 신화에 빗댄 것이다. 신들의 탄생 과정과 비밀을 밝혀주는 로마 신화를 소환하여 신과 인간의 지배자가 군림하는 과정을 통해 인간이 꿈꾸는 지배 욕구에 인간 삶의 뿌리와 맞닿아 있다. 이는 철학적 성찰의 시학이며 인문학의 서사다. 고두아 시인은 현대 시가 현현하는 시인 정신이 인간의 질서와 진실성에 교감의 절묘한 언어 조탁과 서사적 기량을 발휘하고 있다.

빈 책가방을 메고 집을 나선다
아침햇살을 받아먹느라 방심한 꽃의
빛깔도 향도 없이 서늘한 그림자
재빨리 따서 가방 속에 담는다
가슴이 흉하게 타버린 엄마의 그림자
한 귀퉁이를 찢어 가방에 넣는다
부엌 형광등 아래
가슴이 흉하게 타버린 엄마의 그림자
그녀의 발꿈치 끝자락에 매달려있다
터질 것 같은 가방에 마지막으로 챙긴다

홀로 꿈속으로 흘러들어
몰래 그림자를 펼쳐 읽기 시작한다

한 장 두 장 넘길 때마다

손은 점점 더 검게 변하고

가슴에 뚫린 구멍이 한없이 깊어진다

읽고 있는 그림자가 머릿속에

한 겹씩 쌓여 탁한 새벽이 온다

『그림자 채집』전문

  실체가 있으면서 우리가 만질 수 없는 그림자를 어떻게 채집할 것인가? 이것은 역설적인 가설에 불가하지만, 시인들은 시적 상상의 세계에서 이러한 그림자를 그릇에 담을 수 있도록 채집할 수도 있으며 만질 수도 있다. 그래서 시인은 아침 햇살을 받아먹느라 방심한 꽃을 보고 빛깔이나 향이 없는 축축한 그림자를 가방에 넣는다. 또 몰래 그림자를 펼쳐서 읽으며 가슴에 뚫린 그림자를 겹겹이 머릿속에 쌓기도 하고 재빨리 가방 속에 담기도 한다.

  고두아 시인은 이 작품에서 "햇살을 받아먹느라 방심한 꽃의", 와 "널따란 구름의 축축하게 젖은 그림자" 등의 낯설게 하는 시어들을 내장함으로써 시제와 교합

하여 시의를 일으킨다. 이러한 메시지의 함축이 시적 (詩的) 화자에 매체로 명징하고 시인의 언어로 주제와 진실에 효율적인 접맥을 탐색하는 시적 구도를 유도하고 있다. 특히 "빛깔도 향도 없이 서늘한 그림자"나, "가슴이 흉하게 타버린 엄마의 그림자", 또는 "가슴에 뚫린 구멍이 한없이 깊어진다", 외에 "한 겹씩 쌓여 탁한 새벽이 온다" 등의 시어 채용은 참으로 신선하고 언어 술사의 범주에 속한 예사롭지 않은 참신성을 보인다.

우리는 왜 시를 읽으며 쓰는가? 라는 질문에서 인간의 내면에 깔린 기본 바탕은 흥이 날 때마다 노래를 부르고 싶은 욕구가 생기며, 때로는 서정과 애수에 젖어 한줄기 감정이 실린 글쓰기가 발동한다. 일상적 삶에서 발아한 시심을 바탕으로 인간의 한계 상황을 무너뜨리며 넘나드는 육화된 시어를 끄집어낸다. 정제된 언어들이 인생의 깊이로 높은 파도를 일으키며 달관과 관조로 천착해 내는 여백에 시학을 생성시키고 있다.

고두아 시인의 시 세계는 인간의 감정이나 정서에 관계하는 서정과 어떠한 사건이나 상황을 시간과 연동에 따른 서사를 고루 넘나들며 시상을 획득한다. 내장된 섬세한 관찰력을 통해 형상화하여 선명하고 수려한 시적 안목을 구비함으로써 촉망받을 수 있는 신진 시인이다. 새로운 현대 시 세계를 바탕에 깔고 건강하고 안정된 정서 위에서 심미적 감수성과 언어 운용의 능력까지 발전 가능성을 엿보인다. 다시 이 시인이 보고 있는 3대 여인들의 소래포구 나들이 모습으로 시집 주제 작품을 만나게 한다.

낡은 선착장 가까이
오르락내리락하는 물결
취한 소주병이 리듬을 탄다
몸이 부서지도록 춤을 추는 스티로폼
검은 봉지도 바다에 몸을 맡긴 채
출렁이는 스텝을 밟는다

세상에 나온 이유를 다한 것들
한없이 가볍고 자유롭다

따스한 봄날 소래포구
어머니와 어머니의 어머니
오늘 따라 손을 꼭 잡는다
느린 박자에 맞춘 발길과 눈길
걸음마다 익숙한 웃음을 연주한다

『마지막 춤을 그대와』 전문

시인이 언어를 부리는 것이 아니고 언어가 시인을 부리는 형국이며 시인은 자신을 드러내는 것이 아니라 존재를 드러낸다. 시인이 예술적 효과를 창조하려는 중점적인 시도로 시어(詩語)를 세밀히 선택하고 그 언어의 채용과 배열은 언어 기호 존치의 과정이라 말할 수 있다. 서사시가 인칭으로 규정하여 가장 두드러진 현실 시제의 사용에 있음을 의미한다. 서사시를 정서와 사상의 융합이라고 인정할 때 정서는 순간적이고 사상은 초시간적이다.

시인은 어느 따스한 봄날 소래포구에서 '나'와 '어머

니' 그리고 '어머니의 어머니' 3대가 손을 맞잡고 출렁이는 파도에 가벼운 발걸음의 스텝을 밟는 것을 목격한다. 화자는 이런 모습이 사람이 살아내는 이유로 한없이 자유롭다고 느낀다. 걸을 때마다 다정한 귓속말을 주고받으면서 느긋하게 걷는 그 모습이 참으로 평화롭다. 이러한 모습의 행간은 서사적 시간에 영원한 현재로 간주된다. 서사의 영구성은 문학적 표현에서 문법적으로 따질 필요성은 없을 것이다. 정성을 다하여 시작(詩作)에 담는다면 그 정성이 힘을 얻어 큰 날개를 펼 것이다. 시에서도 앎에 목마름이 절실해야 비로소 시 다운 시를 쓸 수가 있다.

  세상 어디에나 어둠이 있다는 생각과 어둠 속에서도 자신과 서로를 위로하면서 밝은 빛을 발산하려는 소망을 시로 쓴다는 시인은 등단 8년 만에 첫 시집을 펴내는 데 촘촘히 박혀있는 녹슨 쇠창살의 어둠과 같은 이야기를 하고 있다. 그러나 현실에서 아픔과 슬픔을 쉽게 드러내지 않고 위로의 공감을 유도해 내고 있다. 고두아 시인의 시집이 결코 과장이 아닐 정도로 갈무리가 된 것은 8년이라는 긴 시간의 소요로 숙성되었음을 내심 고백하고 있다.

이러한 고백은 첫 시집을 펴내는 감회가 묻어나는 대목이다. 서정과 서사를 넘나들면서『최후의 만찬』외 3편에 대한 모단(母壇)의 등단작품 심사에서 높은 평을 받은 바 있다. 화자는 사물의 위치와 언어를 적절히 배치하여 시인만의 시어(詩語)적인 언어로 형상화하고 있다. 적소에 혈이 통하는 어조로 주제와 진실에 접근하는 시적 구도와 언어의 효율적인 맥을 짚을 줄 아는 시인이다. 등단한 지 오랜 시간이 지나 이제야 첫 시집의 명패를 달았으니 그 감회가 깊을 것이다.

고두아 시인이 젊은 시인으로써 앞으로 주목받게 되는 이유는 기량이 돋보인 튼실한 열매의 무르익음을 펼쳐 보이기 때문이다. 시 창작에 임하고 있는 자세가 이미 상당 부분 습득되어 서사시의 특성을 잘 살리고 있다는 찬사도 있어 여타 작품의 시평은 별 의미가 없어 이만 줄인다. 향후 참신하고 신선한 건필(健筆)을 빌어두며『마지막 춤을 그대와』의 첫 시집을 계기로 신진을 벗어나 중

견 시인으로 발 돋음 하는 발전이 있기를 기대한다.

'마지막 춤을 그대와'
이 책의 제목에 사용한 문체부 바탕체는 문화체육부가 개발하고 한국글꼴 개발연구원에서 제작한 펜글씨 서체이며, 누구나 자유롭게 상업용으로 사용이 가능한 글꼴입니다. 이 글꼴은 (사)세종대왕기념사업회에서 개발한 문화바탕체 임을 밝힙니다.

마지막 춤을 그대와

고두아 시집

초판발행 | 2023년 5월 15일
지 은 이 | 고두아
발 행 인 | 김영선
펴 낸 곳 | 흔맥문학출판부
　　　　　서울시 서대문구 통일로 479-5
　　　　　등록 1995년 9월 13일(제1-1927호)
　　　　　전화 02)725-0939, 725-0935
　　　　　팩스 02)732-8374
　　　　　이메일 hanmaekl@hanmail.net

값/ 10,000원

잘못된 책은 서점에서 바꿔드립니다

ISBN | 979-11-983179-0-2